# PAPI RACONTE TA VIE

Publié par Midsummer Bloom Books
1621 Central Ave, Cheyenne, WY 82001, États-Unis

Première édition : Juin 2025
Imprimé aux États-Unis d'Amérique

# Sommaire

# Ton histoire commence ici

Tu te souviens de ces moments spéciaux, Papi ? Parfois, ils arrivaient quand tu étais installé dans ton fauteuil préféré, ou en te promenant dans ton jardin, ou peut-être pendant ces dîners de famille, quand un souvenir lointain refaisait surface. Ça pouvait être une photo en noir et blanc, une vieille chanson à la radio, ou même l'odeur du pain frais qui te ramenait en arrière. Chaque fois que ces souvenirs émergeaient, on tendait l'oreille, impatients d'en entendre plus.

C'est justement l'objectif de ce livre. Parce que derrière le grand-père qu'on adore – celui qui nous gâte avec des friandises et des conseils pleins de sagesse – il y a toute une vie d'aventures dont on n'a eu que quelques aperçus. Pas seulement les chapitres sur ton rôle de grand-père, mais les vraies histoires – ton enfance dans une époque différente, le monde tel qu'il était, les rêves que tu as réalisés et ceux que tu as laissés de côté.

Chaque page ici est juste un point de départ. Une douce invitation à revisiter le garçon qui jouait aux billes dans la rue, le jeune homme qui a traversé des périodes historiques, le père qui a élevé sa famille dans un monde si différent de celui d'aujourd'hui. Ce ne sont pas juste tes souvenirs – ce sont nos racines, notre patrimoine, notre trésor.

Prends ton temps avec ces pages. Peut-être que les histoires viendront pendant ton café du matin, en regardant le coucher de soleil depuis ta terrasse, ou durant ces après-midis tranquilles où les souvenirs aiment nous rendre visite. Pas de précipitation – ta sagesse a appris la valeur d'aller doucement.

Voilà la vérité, Papi – quand tu partages tes histoires, que ce soient des récits de triomphes ou des leçons apprises à la dure, tu nous transmets quelque chose de bien plus précieux que n'importe quel héritage. Tes expériences créent un pont entre les générations, nous connectant à des époques et des lieux qu'on peut seulement imaginer à travers tes yeux.

Alors installe-toi dans ton coin préféré. Peut-être avec ces bonbons que tu gardes toujours près de toi, ou avec cette boisson chaude qui fait couler les souvenirs. Laisse ta mémoire vagabonder à travers les décennies que tu as traversées et la vie que tu as vécue.

Tes histoires comptent, Papi. Elles ne sont pas juste des souvenirs – elles sont les fils qui tissent la tapisserie de notre famille. Et nous sommes là, prêts à écouter, et prêts à porter tes récits pour les générations à venir.

## Comment Utiliser Ce Livre

C'est ton histoire – il n'y a pas de chronologie à suivre, pas de règles à respecter. Choisis n'importe quelle question qui fait surgir un souvenir et commence à écrire. Saute d'une page à l'autre, reviens plus tard, ou prends ton temps sur les moments qui comptent le plus pour toi.

Rappelle-toi, ces questions ne sont que des portes ouvertes vers tes souvenirs. Tes réponses pourraient t'emmener sur des chemins inattendus, et c'est parfaitement bien. Ce livre n'est pas là pour un style d'écriture parfait – il est là pour capturer ton parcours unique dans ta propre voix.

Le Temps a Peint de L'Argent dans Tes Cheveux

Les années ont rassemblé des histoires avec soin,

De petit garçon pieds nus à homme plein de fierté,

À travers des changements profonds et des océans
larges,

Ta vie est un livre de leçons apprises,

De ponts construits et de sagesse gagnée.

Raconte-nous, Papi, les jours passés,

Les rêves qui t'ont aidé à toucher le ciel.

# 1

# Les Jours Pieds Nus

*Chaque vie commence avec des merveilles. Raconte-nous tes premières aventures – une enfance remplie de la magie de la jeunesse, de découvertes et du sentiment d'appartenance.*

# Notre Maison Familiale

*Repense à la maison où tu as grandi – un endroit rempli de souvenirs. Chaque recoin de ce bâtiment renferme des histoires qui ont contribué à faire de toi la personne que tu es. Qu'est-ce qui rendait cet endroit spécial, celui que tu appelais chez toi ?*

1.À quoi ressemblait ta maison d'enfance, et quelle pièce était ta préférée ?

2.Quels sons et quelles odeurs te rappelles-tu le plus de cette maison ?

3.Comment était le quartier autour de chez toi ?

# Les Amis d'Enfance

*Avant que la technologie ne remplisse le temps libre, les enfants inventaient eux-mêmes leurs jeux. Pense aux amis qui ont partagé tes premières aventures et aux joies simples de jouer ensemble. Qui étaient les compagnons importants de ton enfance ?*

1.Qui était ton meilleur ami en grandissant, et qu'est-ce qui le rendait spécial ?

2.À quels jeux jouais-tu avec les enfants du quartier ?

3.Quel était ton endroit préféré pour traîner avec tes amis, et pourquoi ?

# Les Années d'École

*La salle de classe était l'endroit où tu passais une grande partie de ta jeunesse. Certaines leçons venaient des livres, d'autres des couloirs et des cours de récréation. Quels souvenirs gardes-tu de tes premières années d'école ?*

1.Comment était ton école primaire, et comment y allais-tu chaque jour ?

2.Quel était ton professeur préféré, et qu'est-ce qui le rendait spécial ?

3.Que prenais-tu généralement pour le déjeuner, et qui étaient tes camarades de repas ?

# Aider à la Maison

*Enfant, tu as appris la responsabilité en aidant à la maison. Ces pe-*
*tites tâches t'ont enseigné des compétences précieuses et montré com-*
*ment même de jeunes mains peuvent contribuer à la vie familiale.*
*Quel était ton rôle pour faire tourner la maison ?*

1.Quelles tâches régulières étais-tu chargé de faire enfant ?

2.Quelle corvée détestais-tu le plus, et laquelle aimais-tu ?

3.Que se passait-il si tu oubliais de faire tes corvées ?

# Les Repas en Famille

*Se rassembler autour de la table, c'était bien plus que manger. Ces moments quotidiens rapprochaient la famille en partageant des histoires et en se connectant les uns aux autres. Comment étaient les repas en famille chez toi ?*

1.À quelle heure votre famille dînait-elle habituellement, et qui préparait les repas ?

2.Quel était ton plat préféré que ta mère ou ton père cuisinait ?

3.De quoi votre famille parlait-elle le plus souvent à table ?

# Les Grandes Célébrations

*Les fêtes et célébrations créaient des moments mémorables tout au long de l'année de ton enfance. Ces occasions spéciales ont contribué à créer des traditions familiales et des souvenirs durables. Comment votre famille marquait-elle les jours importants ?*

1.Comment ta famille fêtait-elle ton anniversaire quand tu étais petit ?

2.Comment était le matin de Noël (ou d'une autre grande fête) chez toi ?

3.Quelle célébration d'enfance te revient le plus en mémoire, et pourquoi ?

# Les Bêtises d'Enfance

*Toutes les expériences de l'enfance n'étaient pas sans accroc. Parfois, les meilleures leçons venaient des erreurs, des mésaventures ou des moments où on testait les limites. Quels petits accidents mémorables t'ont enseigné des leçons importantes ?*

1.Quelle est la plus grosse bêtise que tu as faite enfant ?

2.T'est-il arrivé de casser ou d'abîmer quelque chose d'important, et qu'est-ce qui s'est passé ensuite ?

3.Comment tes parents te punissaient-ils généralement quand tu faisais des bêtises ?

# Les Amis à Quatre Pattes

*Les animaux de ton enfance t'ont offert de la compagnie et t'ont appris la responsabilité. Ces relations spéciales ont créé des liens et des souvenirs qui durent souvent toute une vie. Quels animaux ont fait partie de tes jeunes années ?*

1. Quel était ton premier animal de compagnie, et comment est-il arrivé dans ta famille ?

2. Quelles responsabilités avais-tu pour t'occuper de ton animal ?

3. Comment passais-tu du temps avec lui ?

# La Liberté de l'Été

*Repense à ces journées d'été insouciantes de ton enfance. Quand l'école était finie, comment remplissais-tu ces longues journées ensoleillées ? Partage les endroits spéciaux, les activités et les douceurs qui rendaient l'été magique pour toi.*

1.Comment passais-tu la plupart de tes journées d'été pendant ton enfance ?

2.Ta famille partait-elle en vacances, et où alliez-vous ?

3.Quels aliments ou friandises estivales te rappelles-tu avoir le plus appréciés ?

# Grandir avec des Frères et Sœurs

*Les frères et sœurs peuvent être à la fois tes plus grands rivaux et tes défenseurs les plus loyaux. Comment c'était de partager ton enfance avec eux ? Réfléchis au lien spécial que tu as formé à travers les jeux, les disputes et les moments où vous vous souteniez.*

1.À quels jeux jouais-tu avec tes frères et sœurs sans que vos parents ne le sachent ?

2.Comment vous partagiez-vous les espaces dans la maison ?

3.Quel est le plus gros conflit dont tu te souviens avec un frère ou une sœur, et comment vous êtes-vous réconciliés ?

# La Sagesse des Aînés

*Tes grands-parents te connectaient à l'histoire et aux traditions familiales. Quels souvenirs spéciaux as-tu de moments passés avec eux ? Pense aux compétences, histoires et conseils qu'ils t'ont transmis et qui t'influencent encore aujourd'hui.*

1.Quelles compétences ou passe-temps tes grands-parents t'ont-ils appris ?

2.Quelles histoires te racontaient-ils sur leur propre enfance ?

3.Y a-t-il un dicton ou un conseil de tes grands-parents qui est resté gravé en toi ?

# 2

# Grandir et S'épanouir

*Entre l'enfance et l'âge adulte, il y a une période de transformation. On aimerait entendre les histoires de comment tu t'es trouvé, comment tu as testé tes limites, et comment tu es devenu l'homme que tu es aujourd'hui.*

# Devenir Adolescent

*L'adolescence apporte des changements excitants et de nouveaux défis. Comment as-tu traversé cette période entre l'enfance et l'âge adulte ? Repense à la façon dont tu as commencé à développer ta propre identité pendant ces années de transformation.*

1.Comment ta relation avec tes parents a-t-elle changé pendant ces années ?

2.Quelles nouvelles responsabilités sont arrivées avec l'adolescence ?

3.Qui t'a le plus inspiré ou influencé pendant ton adolescence ?

# Le Lycée

*Le lycée forme un chapitre important dans la vie de beaucoup de gens. Quels souvenirs te reviennent de ces années d'école ? Pense aux cours, aux professeurs et aux expériences sociales qui ont marqué ton adolescence.*

1.Comment était ton lycée, et quelles matières te captivaient le plus ?

2.Qui était ton professeur préféré, et qu'est-ce qui rendait son cours spécial ?

3.Comment était ta vie sociale pendant le lycée ?

# Tester les Limites

*La plupart des adolescents ont tendance à défier les règles et les attentes. De quelles façons as-tu testé les limites ou affirmé ton indépendance ? Partage comment ces expériences t'ont appris les conséquences et t'ont aidé à définir tes propres valeurs.*

1.T'est-il arrivé de sortir en cachette la nuit, et où allais-tu ?

2.Quelle aventure en bravant les règles t'a valu le plus d'ennuis ?

3.Comment tes parents réagissaient-ils quand tu dépassais les limites ?

# Sur le Terrain

*Les activités physiques et les loisirs prennent souvent une grande importance pendant l'adolescence. Quelles activités ont capté ton intérêt et ton énergie ? Pense à la façon dont ces passions t'ont aidé à développer des compétences et de la confiance.*

1.Quels sports ou activités te passionnaient le plus quand tu étais adolescent ?

2.Quelles compétences ces loisirs t'ont-elles enseignées au-delà de l'activité elle-même ?

3.As-tu gagné des compétitions ou des récompenses, et comment as-tu vécu cette expérience ?

# Prendre des Décisions Importantes

*L'adolescence implique de faire des choix qui peuvent influencer ton futur. Quelles décisions importantes as-tu dû prendre à cette époque ? Rappelle-toi comment tu as navigué ces moments clés et ce que tu as appris de tes choix.*

1.Quelle a été la première grande décision que tu as prise seul en tant qu'adolescent ?

2.Comment as-tu choisi ce que tu ferais après le lycée ?

3.Quel gros achat as-tu économisé pour faire, et comment as-tu gagné l'argent ?

# Mentors Inspirants

*Les adultes en dehors de la famille offrent souvent un éclairage unique pendant l'adolescence. Qui a contribué à te guider pendant cette période formatrice ? Pense aux personnes spéciales qui ont vu ton potentiel et t'ont aidé à développer des compétences ou des perspectives importantes.*

1.Qui a été ton mentor le plus influent pendant ton adolescence ?

2.Quelles leçons ou compétences spécifiques cette personne t'a-t-elle enseignées ?

3.Comment as-tu rencontré ce mentor, et pourquoi as-tu créé un lien avec lui ?

# Premiers Amours

*Les premières relations amènent des émotions nouvelles et des leçons de vie importantes. Quels souvenirs as-tu de tes premières expériences amoureuses ? Repense à ces premières connexions qui t'ont appris à prendre soin de quelqu'un d'autre.*

1.Qui était ton premier grand béguin ou ta première petite amie, et comment l'as-tu rencontré(e) ?

2.Qu'avez-vous fait lors de ton premier vrai rendez-vous ?

3.Comment as-tu vécu ton premier chagrin d'amour ?

# Liens d'Amitié

*Les amis que l'on choisit pendant l'adolescence deviennent souvent les témoins de notre évolution et de nos changements. Qui était à tes côtés pendant ces années formatrices ? Pense à la façon dont ces relations ont influencé la personne que tu es devenue et aux souvenirs que vous avez créés ensemble.*

1.Qui étaient tes amis les plus proches pendant ton adolescence ?

2.Quelles aventures ou mésaventures avez-vous vécues ensemble ?

3.Es-tu encore en contact avec certains de tes amis d'adolescence aujourd'hui ?

# Grandir en Indépendance

*Gagner en mobilité et en liberté marque une étape importante dans la vie d'un adolescent. Comment as-tu vécu tes premières expériences d'indépendance ? Partage l'excitation et la responsabilité qui venaient avec le fait de pouvoir partir seul.*

1.Quand et comment as-tu appris à conduire ?

2.Où es-tu allé pour ta première aventure en solo loin de chez toi ?

3.Quelle était ta première voiture, et comment l'as-tu obtenue ?

# Apprendre de ses Erreurs

*Les adolescents apprennent souvent de précieuses leçons grâce à des erreurs ou des décisions imprudentes. Quelles expériences difficiles t'ont enseigné des leçons importantes ? Pense à la façon dont ces moments ont façonné ta compréhension des conséquences et de la responsabilité.*

1.Quel est le plus gros problème dans lequel tu t'es retrouvé pendant ton adolescence ?

2.Comment tes parents ou d'autres adultes ont-ils réagi à tes erreurs ?

3.Quelles leçons pratiques as-tu tirées de tes plus grandes erreurs d'adolescence ?

# Rêves d'Adolescent

*Les jeunes esprits sont souvent remplis d'ambitions et de visions pour l'avenir. Quels espoirs et rêves te motivaient pendant ton adolescence ? Repense aux aspirations qui ont guidé tes choix et aidé à former ton objectif de vie.*

1.Quels étaient tes plus grands rêves et ambitions en tant qu'adolescent ?

2.Qui ou quoi a inspiré ces aspirations ?

3.Quels pas concrets as-tu faits pour atteindre ces rêves ?

# 3

# Trouver Sa Voie

*Avant la vie de famille et la stabilité, il y a eu ton voyage de découverte de toi-même. Raconte-nous comment la détermination, le travail acharné et les premiers défis de la vie ont façonné la personne que tu es aujourd'hui.*

# Quitter le Nid

*Commencer à vivre par soi-même est à la fois excitant et difficile. Comment c'était, la première fois que tu as pris ton indépendance et quitté la maison familiale ? Pense à ces premiers jours où tu as dû apprendre à vivre ta vie d'adulte à ta manière.*

1.Quelle a été ta première expérience en vivant vraiment seul ?

2.Quelle a été la plus grande surprise à vivre pour la première fois par tes propres moyens ?

3.Quelles compétences pratiques aurais-tu aimé apprendre avant de partir de chez toi ?

# Premier Véritable Emploi

*Gagner ta propre vie marque une étape importante dans l'âge adulte. Quels souvenirs as-tu de ton entrée dans le monde du travail ? Pense à ce que ton premier salaire et cette expérience professionnelle t'ont appris sur le travail et les responsabilités.*

1. Quel était ton premier vrai travail, et comment as-tu été embauché ?

2. Combien était ton premier salaire, et qu'as-tu fait avec cet argent ?

3. À quoi ressemblait une journée typique dans ton premier emploi ?

# Surmonter les Obstacles

*Tout ne se passe pas toujours comme prévu quand on commence sa vie d'adulte. Quels défis importants as-tu affrontés dans tes premières années d'indépendance ? Pense à la façon dont tu as géré les déceptions et ce que ces expériences t'ont appris sur la résilience.*

1.Quel a été ton plus grand revers ou échec au début de l'âge adulte ?

2.Quelles étapes précises as-tu suivies pour surmonter cet obstacle ?

3.Quelles compétences ou leçons as-tu tirées de ce défi surmonté ?

# Développer Tes Compétences

*Être adulte, c'est développer des capacités utiles tout au long de la vie. Quelles compétences importantes as-tu acquises pendant cette période ? Pense aux compétences pratiques et à la connaissance qui t'ont aidé à naviguer dans la vie indépendante.*

1.Quelle compétence importante t'a pris le plus de temps à maîtriser ?

2.Comment as-tu appris par toi-même des choses que personne ne t'avait montrées ?

3.Quelle formation ou éducation formelle as-tu suivie après le lycée ?

# Trouver Ta Voie

*Trouver un travail qui a du sens passe souvent par l'exploration et l'expérimentation. Comment as-tu trouvé ta direction dans la vie professionnelle ? Repense au chemin qui t'a mené à un travail qui correspondait à tes talents et à tes intérêts.*

1.Comment as-tu découvert ce que tu voulais faire professionnellement ?

2.Quels métiers ou chemins différents as-tu envisagés avant de trouver ta voie ?

3.Quel a été le premier projet ou accomplissement qui t'a donné un profond sentiment de satisfaction ?

# Soutiens Importants

*Le succès n'arrive presque jamais sans l'aide des autres. Qui a joué des rôles essentiels dans ton développement professionnel au début de ta carrière ? Pense aux personnes qui t'ont offert des conseils, des opportunités ou des encouragements alors que tu te construisais.*

1.Qui était ton mentor professionnel le plus important, et comment l'as-tu rencontré ?

2.Quel conseil ou quelle technique d'un mentor a eu le plus grand impact sur ta manière de travailler ?

3.Qu'as-tu fait pour remercier ceux qui t'ont aidé en chemin ?

# Les Carrefours de la Vie

*Le début de l'âge adulte présente souvent des choix aux conséquences durables. Quelles grandes décisions ont façonné la direction de ta vie pendant cette période ? Pense à la façon dont tu as navigué ces moments clés et à leur impact sur ton avenir.*

1.Quelle a été la décision la plus conséquente que tu as prise au début de la vingtaine ?

2.Comment as-tu pesé tes options face à cette grande décision ?

3.Qu'est-ce qui a changé dans ta vie juste après avoir pris cette décision ?

# 4

# Cœurs Entrelacés

*Certaines histoires changent tout. Raconte-nous ta rencontre avec Mamie – comment votre amour a commencé, comment il s'est transformé en un partenariat, et comment il a créé la famille dont nous faisons partie aujourd'hui.*

# Première Rencontre

*Le début d'une relation importante devient souvent un souvenir précieux. Que te rappelles-tu de ta première rencontre avec Mamie ? Repense à ce premier moment et à tes premières impressions.*

1.Où étais-tu exactement quand tu as rencontré Mamie pour la première fois ?

2.Que portait-elle ou que faisait-elle quand tu l'as remarquée pour la première fois ?

3.Qui a parlé en premier, et quels ont été vos premiers mots échangés ?

# Découvrir Son Univers

*Les débuts d'une relation impliquent de découvrir qui est vraiment l'autre au-delà des premières impressions. Repense à la façon dont vous avez appris à connaître vos personnalités, vos intérêts et vos origines respectives.*

1.Quelles activités ou intérêts as-tu découverts que vous aviez en commun avec Mamie ?

2.Où vous retrouviez-vous généralement pour discuter à cette époque ?

3.Qu'est-ce qui t'a le plus surpris chez elle en apprenant à mieux la connaître ?

# Premier Rendez-Vous

*Un premier rendez-vous marque souvent le véritable début d'une relation amoureuse. Quels souvenirs te reviennent de ce premier vrai rendez-vous avec Mamie ? Repense aux conversations et aux émotions qui ont accompagné cette occasion spéciale.*

1.Où as-tu emmené Mamie pour votre premier vrai rendez-vous ?

2.Te rappelles-tu de ce dont vous avez parlé pendant ce premier rendez-vous ?

3.Y a-t-il eu quelque chose d'inattendu ou de particulièrement mémorable ce soir-là ?

# Le Moment Parfait

*Raconte-nous ce moment qui a changé ta vie, celui où tu as su qu'il était temps de faire ta demande. Quelles émotions et pensées te traversaient l'esprit pendant que tu te préparais à poser cette question si importante ?*

1.Depuis combien de temps sortiez-vous ensemble avant que tu décides de lui faire ta demande ?

2.Comment as-tu préparé la demande, et où cela s'est-il passé ?

3.Quels mots précis as-tu utilisés pour lui demander de t'épouser ?

# Le Compte à Rebours Vers Toujours

*Partage l'excitation et l'anticipation des préparatifs de votre mariage. Quels moments te reviennent alors que toi et Mamie organisiez la célébration qui allait lancer votre vie ensemble ?*

1.Combien de temps a duré vos fiançailles, et qui vous a aidés à planifier le mariage ?

2.Quel a été le plus grand défi dans la préparation de ce grand jour ?

3.Quelles décisions avez-vous prises ensemble concernant la cérémonie et la célébration ?

# Le Jour de Votre Mariage

*Ramène-nous à ce magnifique jour où toi et Mamie avez dit « oui ».*
*Quels souvenirs te viennent quand tu repenses aux moments avant,*
*pendant et après la cérémonie ?*

1.À quelle date vous êtes-vous mariés, et où a eu lieu la cérémonie ?

2.Quels détails te viennent le plus en mémoire concernant la cérémonie elle-même ?

3.Où êtes-vous partis en lune de miel, et qu'avez-vous fait pour célébrer ?

# Votre Premier Chez-Vous

*Raconte-nous la création de votre premier foyer ensemble. Comment c'était d'aménager votre propre espace et de construire une vie rien que pour vous deux ?*

1.Où se trouvait votre premier foyer, et comment l'avez-vous trouvé ?

2.Comment avez-vous meublé et décoré votre premier chez-vous ?

3.Aviez-vous un endroit ou une pièce préférée dans votre premier foyer ?

# Trouver Votre Rythme

*Raconte comment toi et Mamie vous êtes adaptés à la vie de couple marié. Quels moments mémorables avez-vous vécus en apprenant à travailler en équipe et en construisant vos routines quotidiennes de jeunes mariés ?*

1.Quelles tâches ménagères chacun de vous prenait-il en charge ?

2.Quelles nouvelles habitudes ou traditions avez-vous établies en tant que jeunes mariés ?

3.Qu'as-tu découvert sur Mamie qui t'a surpris après votre mariage ?

# Se Renforcer Ensemble

*Repense au premier grand défi que vous avez affronté en tant que couple marié. Comment le fait de surmonter cette épreuve a-t-il renforcé votre relation ?*

1.Quel a été le premier grand défi que vous avez affronté ensemble en tant que couple marié ?

2.Quelles étapes concrètes avez-vous suivies pour surmonter cet obstacle ?

3.Comment vous êtes-vous soutenus mutuellement pendant cette période difficile ?

# 5

# Le Parcours de Papa

*Rien ne transforme une vie autant que devenir parent. Comment c'était de tenir ton premier enfant dans tes bras ? Partage les surprises, les sacrifices et la joie de voir tes enfants grandir.*

# Rencontrer Ton Premier Enfant

*Ramène-nous au moment où tu es devenu père pour la première fois.*
*Qu'as-tu ressenti en tenant ton bébé pour la première fois ?*

1.À quelle date et à quelle heure ton premier enfant est-il né ?

2.Que se passait-il dans les heures qui ont précédé la naissance ?

3.Te rappelles-tu des premiers mots que tu as prononcés en voyant ton bébé ?

# Ces Premiers Jours

*Partage tes souvenirs de ces précieuses premières semaines en tant que jeune papa. Quels moments te marquent dans ces instants de calme et ces aventures quotidiennes pour apprendre à t'occuper de ton petit ?*

1.Quelle tâche de soin pour bébé as-tu trouvée la plus difficile au début ?

2.Quels trucs as-tu découverts pour apaiser un bébé qui pleure ?

3.Quel objet ou outil pour bébé t'a été le plus utile pendant ces premiers jours ?

# Apprendre de Tes Enfants

*Les enfants apprennent souvent autant aux adultes que les adultes leur enseignent. Quelles leçons inattendues as-tu apprises de tes enfants ? Pense à la façon dont ils t'ont aidé à voir le monde d'un œil nouveau et à changer de perspective.*

1.Lequel de tes enfants t'a le plus appris sur la patience, et comment ?

2.Quelle est la chose la plus surprenante qu'un de tes enfants t'a apprise ?

3.Comment tes enfants t'ont-ils aidé à voir le monde différemment ?

# Jouer avec Tes Enfants

*Les jeux et les moments de plaisir créent des liens spéciaux entre parents et enfants. Quelles activités vous ont apporté, à toi et à tes enfants, le plus de joie ? Repense à ces moments de jeu qui ont renforcé votre lien.*

1.Quels jeux ou activités faisiez-vous régulièrement avec tes enfants ?

2.Quelle sortie spéciale ou tradition as-tu instaurée avec eux ?

3.Y avait-il une histoire que tes enfants adoraient entendre encore et encore ?

# Les Voir Grandir

*Les étapes importantes du développement des enfants marquent aus-si des chapitres importants dans la vie d'un parent. Quels moments du développement de tes enfants te reviennent le plus en mémoire ? Pense aux réussites, célébrations et transitions qui t'ont rempli de fi-erté en tant que père.*

1.Quelle réussite de tes enfants t'a rendu le plus fier ?

2.Comment célébrais-tu les étapes importantes dans la vie de tes en-fants ?

3.Quel événement scolaire ou spectacle te revient le plus clairement en mémoire ?

# 6

# La Valeur du Travail

*Le travail, ce n'est pas seulement ce que nous faisons –
c'est une partie de qui nous sommes. Raconte-nous les
emplois que tu as occupés, les leçons que tu as apprises,
et comment ton travail acharné a construit une vie pleine
de sens.*

# Les Premiers Jours au Travail

*Commencer un nouveau poste crée souvent des souvenirs durables.*
*Comment c'était quand tu as débuté ton premier emploi important ?*
*Repense à ces premiers jours mêlant excitation et incertitude.*

1.Quel était ton premier emploi important, et comment as-tu été embauché ?

2.Te rappelles-tu de ce que tu portais le premier jour ?

3.Quelles tâches t'a-t-on confiées pendant ta première semaine ?

# Apprendre le Métier

*Maîtriser des compétences au travail prend du temps et implique souvent d'apprendre de ses erreurs. Comment as-tu développé tes compétences pendant tes premières années de travail ? Pense aux leçons importantes et aux personnes qui ont façonné tes capacités professionnelles.*

1.Quelle a été la première compétence importante que tu as dû maîtriser au travail ?

2.Quelle erreur t'a donné une leçon précieuse sur ta profession ?

3.Y avait-il des outils ou équipements que tu as dû apprendre à utiliser sur le tas ?

# Trouver Ta Voie

*Beaucoup de gens explorent différentes voies avant de trouver un travail qui leur correspond vraiment. Comment as-tu trouvé un métier qui avait du sens dans ta vie ? Pense au chemin qui t'a mené à une carrière adaptée à tes capacités et à tes intérêts.*

1.Combien d'emplois ou de carrières as-tu essayés avant de trouver ta voie ?

2.Quels talents ou compétences as-tu découverts grâce à ton travail ?

3.Quand as-tu réalisé que tu avais trouvé la carrière ou le poste idéal ?

# La Vie au Travail au Quotidien

*Les journées de travail régulières forment la base d'une carrière. À quoi ressemblaient tes journées typiques pendant tes années principales de travail ? Pense aux routines, défis et satisfactions qui caractérisaient ton quotidien professionnel.*

1.À quoi ressemblait ton emploi du temps typique pendant tes meilleures années de travail ?

2.Comment te rendais-tu au travail, et comment se passait ton trajet ?

3.Comment était ton espace de travail, et comment l'organisais-tu ?

# Mentors Professionnels

*Les conseils de collègues expérimentés peuvent faire une énorme dif-
férence dans une carrière. Qui a aidé à façonner ton développement
professionnel ? Rappelle-toi des personnes qui ont influencé ton
éthique de travail, tes compétences et ton approche de la carrière.*

1.Qui était ton mentor professionnel le plus important, et comment
t'a-t-il guidé ?

2.Quelle technique ou approche spécifique quelqu'un t'a-t-il ensei-
gnée que tu apprécies encore aujourd'hui ?

3.Quel est le meilleur conseil qu'un superviseur ou collègue t'ait donné au sujet du travail ?

# Moments de Réussite

*Tout le monde a des moments professionnels dont il est particulièrement fier. Quelles réalisations dans ta vie professionnelle t'ont apporté le plus de satisfaction ? Pense aux projets, reconnaissances ou étapes qui représentaient ton meilleur travail.*

1.Quelle considères-tu comme ta plus grande réussite dans ta vie professionnelle ?

2.Quel projet ou création es-tu le plus fier d'avoir accompli ?

3.Comment as-tu célébré tes réalisations professionnelles importantes ?

# Défis Professionnels

*La vie professionnelle inclut inévitablement des échecs et des obstacles à surmonter. Quels déceptions ou échecs importants as-tu rencontrés dans ta carrière ? Pense à la façon dont tu as géré ces difficultés et à ce qu'elles t'ont appris sur la résilience.*

1.Quel a été ton plus grand échec ou revers professionnel ?

2.Comment as-tu géré une situation où tu as commis une erreur importante au travail ?

3.Y a-t-il eu un moment où tu as dû repartir de zéro ou te reconstruire après un revers au travail ?

# 7

# L'Ancre de la Famille

*Chaque famille a besoin de son point d'ancrage. Raconte-nous comment tu es devenu le cœur de la nôtre – celui vers qui nous nous tournons tous pour la force, la sagesse et l'amour.*

# Les Traditions Familiales

*Les coutumes et célébrations régulières aident à créer une identité et une connexion familiales. Quelles traditions spéciales ont rassemblé ta famille au fil des années ? Pense aux rituels significatifs qui ont créé un sentiment d'appartenance et de continuité.*

1.Quelle tradition familiale attendais-tu avec le plus d'impatience chaque année ?

2.Que faisais-tu pour préserver les coutumes culturelles ou familiales importantes ?

3.Quel rituel de fête ou de célébration aimerais-tu le plus que les générations futures perpétuent ?

# Être Présent pour les Autres

*Parfois, les membres de la famille ont juste besoin de quelqu'un qui écoute vraiment leurs préoccupations. Comment as-tu soutenu les membres de ta famille pendant les périodes difficiles ? Pense aux façons dont tu t'es rendu disponible lorsque tes proches avaient besoin de conseils ou d'une oreille attentive.*

1.Comment te rendais-tu accessible quand les membres de la famille avaient besoin de conseils ?

2.Quelle approche adoptais-tu lorsqu'on venait te voir avec un problème ?

3.Y avait-il un membre de la famille qui venait le plus souvent te demander conseil, et sur quoi portaient généralement ses questions ?

# Résoudre les Problèmes Familiaux

*Chaque famille fait face à des défis qui nécessitent des solutions créatives. Quel rôle as-tu joué dans la résolution des difficultés familiales ? Repense aux situations où ton intervention ou ton approche ont aidé à gérer des problèmes familiaux complexes.*

1.Quelle a été la plus grande crise familiale que tu as aidé à résoudre ?

2.Comment gérais-tu les conflits entre membres de la famille ?

3.Te souviens-tu d'un moment où tu as dû résoudre un problème familial de manière très créative ?

# Les Réunions de Famille

*Se rassembler pour des célébrations crée des souvenirs importants et renforce les liens. Qu'est-ce qui rendait les réunions de famille spéciales chez toi ? Pense aux occasions mémorables où la famille élargie se réunissait et à ce qui rendait ces moments significatifs.*

1.Quelle réunion de famille gardes-tu le plus précieusement en mémoire, et pourquoi ?

2.Comment préparais-tu les grandes célébrations familiales ?

3.Y avait-il des jeux ou des activités qui rassemblaient toujours la famille lors des réunions ?

# Le Protecteur de la Famille

*Prendre soin de ses proches signifie parfois les protéger du mal ou des difficultés. Comment as-tu rempli ce rôle de protecteur dans ta famille ? Pense aux différentes façons dont tu as assuré la sécurité, la stabilité et la défense de ta famille.*

1.Quand as-tu dû physiquement protéger un membre de ta famille d'un danger ?

2.Comment as-tu assuré la sécurité financière de ta famille pendant les périodes difficiles ?

3.Quelles mesures as-tu prises pour que ton foyer et ta famille restent en sécurité ?

# Soutenir les Réussites

*Être présent pour célébrer les succès des membres de la famille crée des liens durables. Comment as-tu soutenu les moments importants de ta famille ? Pense aux façons dont tu as célébré et encouragé les réalisations de tes proches.*

1.Comment célébrais-tu les réussites des différents membres de la famille ?

2.Quelle réussite familiale t'a rendu le plus fier en tant que chef de famille ?

3.Comment encourageais-tu les membres de la famille qui avaient du mal à atteindre leurs objectifs ?

# Des Traces dans le Temps

*Les marques d'une vie bien vécue se reflètent souvent dans les valeurs transmises aux générations futures. Quel impact durable espères-tu avoir sur ta famille ?*

1.Quelle valeur ou principe familial espères-tu le plus voir perdurer à travers les générations ?

2.Comment as-tu préparé la prochaine génération à assumer les rôles de leadership familial ?

3.Quels objets tangibles ou souvenirs as-tu préservés pour les transmettre dans la famille ?

# 8

# Un Amour Multiplié

*On dit que devenir grand-parent, c'est avoir une seconde chance pour un amour parfait. Partage la joie de voir tes enfants élever les leurs et le lien spécial que tu as avec nous.*

# La Première Rencontre

*Le moment où tu rencontres ton premier petit-enfant crée un souvenir unique. Comment c'était de tenir ton petit-enfant pour la première fois ? Repense à ces premiers instants et aux émotions qui ont accompagné cette nouvelle relation.*

1.Où étais-tu quand tu as tenu ton premier petit-enfant, et qui te l'a remis dans les bras ?

2.À quoi ressemblait ton premier petit-enfant, et à qui te faisait-il penser ?

3.Qu'as-tu dit ou fait quand tu as tenu ton petit-enfant pour la première fois ?

# Un Amour Différent

*Être grand-parent offre une relation unique avec les enfants, différente de celle de parent. Comment compares-tu ton rôle de grand-père à celui de père ? Pense aux joies spéciales et aux libertés que ce rôle t'apporte.*

1.Quelles activités fais-tu avec tes petits-enfants que tu faisais rarement avec tes propres enfants ?

2.Comment ta façon de passer du temps avec les enfants a-t-elle changé en tant que grand-père ?

3.Quelles libertés as-tu en tant que grand-père que tu n'avais pas en tant que père ?

# Partager les Histoires de Famille

*Les grands-parents deviennent souvent les gardiens et conteurs de l'histoire familiale. Quelles histoires partages-tu avec tes petits-enfants ? Pense aux récits de ta vie ou de l'histoire familiale que tu as transmis à la plus jeune génération.*

1.Quelle histoire tes petits-enfants te demandent-ils de raconter le plus souvent ?

2.Quelle histoire de famille ou expérience personnelle fais-tu en sorte que chaque petit-enfant entende ?

3.Quelle leçon importante essayes-tu de transmettre à travers tes histoires ?

# Les Voir Grandir

*Les grands-parents ont le privilège d'observer la croissance des enfants d'un point de vue unique. Comment c'est de voir tes petits-enfants grandir et évoluer ? Repense aux étapes importantes et aux développements auxquels tu as assisté dans leur vie.*

1.Quelle étape ou réussite d'un petit-enfant t'a rendu particulièrement fier ?

2.Comment documentes-tu ou enregistres-tu la croissance et les accomplissements de tes petits-enfants ?

3.Quel talent ou capacité inattendu as-tu remarqué chez l'un de tes petits-enfants ?

# Transmettre les Traditions

*Les coutumes familiales aident à connecter les générations et à créer des souvenirs durables. Quelles traditions significatives as-tu partagées avec tes petits-enfants ? Pense à la façon dont tu as aidé à préserver d'importantes pratiques familiales et peut-être à en créer de nouvelles.*

1.Quelle tradition familiale étais-tu le plus impatient de partager avec tes petits-enfants ?

2.Quelle nouvelle tradition as-tu créée spécifiquement avec tes petits-enfants ?

3.Comment expliques-tu la signification et l'histoire des traditions familiales à tes petits-enfants ?

# Sorties Spéciales

*Partager des expériences crée des liens uniques entre grands-parents et petits-enfants. Quelles aventures ou activités as-tu partagées avec tes petits-enfants ? Pense aux sorties spéciales, compétences ou traditions qui sont devenues « ta signature » avec la plus jeune génération.*

1.Quelle activité ou sortie régulière est devenue « votre truc » avec tes petits-enfants ?

2.Quelle compétence ou passe-temps as-tu enseigné à tes petits-enfants lors de vos moments ensemble ?

3.Quelle a été l'activité ou le voyage le plus ambitieux que tu as entrepris avec tes petits-enfants ?

# Moments Précieux

*Les petites interactions avec les petits-enfants deviennent souvent des souvenirs précieux. Quels moments simples avec tes petits-enfants t'ont particulièrement touché ? Pense aux expériences réconfortantes qui capturent la relation spéciale que vous partagez.*

1.Quelle est la chose la plus drôle ou amusante qu'un petit-enfant ait dite ou faite ?

2.Quel geste ou cadeau d'un petit-enfant t'a le plus marqué ?

3.Y a-t-il une photo ou un souvenir d'un petit-enfant que tu chéris particulièrement ?

# 9

# Les Passions d'un Homme

*La vie, c'est plus que le travail et les responsabilités. Raconte-nous tes hobbies, aventures et petits plaisirs qui ont enrichi ta vie et lui ont donné plus de sens.*

# Films Préférés

*Les films peuvent devenir des repères significatifs tout au long de notre vie. Quels films ont été importants pour toi au fil des années ? Pense aux expériences mémorables au cinéma et à la manière dont le cinéma a fait partie de ton parcours.*

1.Quel est le premier film dont tu te souviens avoir vu au cinéma, et où était-ce ?

2.Quel acteur ou quelle actrice admirais-tu le plus, et dans quels films ?

3.Quel film as-tu regardé plus de fois que tout autre, et pourquoi ?

# L'Amour de la Lecture

*Les livres offrent compagnie, sagesse et évasion à différentes étapes de la vie. Quel rôle les livres ont-ils joué dans ta vie ? Pense aux histoires et aux idées qui ont influencé ta façon de penser ou qui t'ont apporté du plaisir au fil des années.*

1.Quel livre a eu le plus grand impact sur ta façon de penser ou de vivre ?

2.Quel personnage littéraire t'a le plus inspiré ou auquel tu t'es le plus identifié ?

3.Comment trouvais-tu le temps de lire pendant les années les plus chargées de ta vie ?

# Collections et Souvenirs

*Collectionner des objets qui ont une signification spéciale peut devenir une passion pour la vie. As-tu collectionné quelque chose au fil du temps ? Pense aux collections que tu as créées et aux histoires derrière tes pièces préférées.*

1.Quels objets spécifiques as-tu collectionnés, et quand as-tu commencé ?

2.Comment exposais-tu ou rangeais-tu ta collection ?

3.Y a-t-il une histoire particulière derrière ton objet préféré dans ta collection ?

# Activités en Plein Air

*Beaucoup de gens trouvent la paix, le défi ou la joie dans la nature et les activités en extérieur. Quelles expériences en plein air ont marqué ta vie ? Pense aux cadres naturels et activités qui t'ont apporté épanouissement ou aventure.*

1. Quelle activité de plein air aimais-tu le plus ?

2. Quel était ton endroit naturel préféré à visiter, et pourquoi ?

3. Peux-tu partager ton expérience en plein air la plus mémorable, qu'il s'agisse d'une aventure ou d'un imprévu ?

# Création et Bricolage

*Travailler de ses mains pour créer quelque chose de nouveau procure une satisfaction particulière. Quels projets pratiques ou artisanaux as-tu appréciés au cours de ta vie ? Pense aux compétences que tu as développées et à la fierté de créer des choses concrètes.*

1. Quel hobby manuel t'a pris le plus de temps à perfectionner ?

2. Quels outils étaient essentiels pour ton artisanat ou ton passe-temps ?

3. De quel projet es-tu le plus fier d'avoir achevé ?

# La Bande-Son de Tes Jours

*La musique s'entrelace souvent avec nos souvenirs et expériences les plus significatifs. Quel rôle la musique a-t-elle joué dans ta vie ? Pense à tes chansons, artistes ou expériences musicales préférées qui ont accompagné ton parcours.*

1. Quel genre de musique écoutais-tu dans ta jeunesse ?

2. Jouais-tu d'un instrument de musique, et comment l'as-tu appris ?

3. Y a-t-il une chanson qui te rappelle un souvenir ou un moment spécifique de ta vie ?

# Sport et Compétition

*Les activités sportives offrent excitation, communauté et défi tout au long de la vie. Quels sports ont marqué ton expérience ? Pense à ta participation en tant que joueur ou supporter et aux moments mémorables.*

1.Quel sport aimais-tu le plus pratiquer, et à quel poste jouais-tu ?

2.Quelle équipe supportais-tu le plus fidèlement, et comment cette passion a-t-elle commencé ?

3.Quel a été l'événement sportif le plus excitant auquel tu as assisté en personne ?

# Loisirs Solitaires

*Prendre du temps pour des activités en solitaire apporte équilibre et renouveau. Quels passe-temps paisibles as-tu appréciés tout au long de ta vie ? Pense aux façons dont tu as trouvé du réconfort et de l'inspiration dans des moments de solitude.*

1.Quelle activité solitaire trouvais-tu la plus rafraîchissante ou significative ?

2.Quel était ton endroit préféré pour lire ou réfléchir tranquillement ?

3.Comment trouvais-tu du temps pour toi-même pendant les années chargées avec la famille ?

# Aventures de Voyage

*Explorer de nouveaux endroits élargit notre perspective et crée des souvenirs durables. Quels voyages ont été marquants dans ta vie ? Pense aux destinations, découvertes et expériences qui ont enrichi ton horizon.*

1.Quel a été ton voyage le plus ambitieux ou aventureux ?

2.Quel endroit visité a dépassé tes attentes, et comment ?

3.Quelle mésaventure ou événement inattendu en voyage s'est transformé en une belle histoire ?

# 10

# Sagesse pour Demain

*La vie est le plus grand professeur, et chaque défi, erreur et triomphe laisse derrière lui des leçons pour guider l'avenir. Partage les idées que tu as acquises au fil des années, ainsi que les espoirs et conseils que tu veux transmettre.*

# Apprendre des Épreuves

*Les difficultés de la vie offrent souvent les plus grandes opportunités d'apprentissage. Quelles erreurs ou défis t'ont appris des leçons importantes ? Repense à des expériences difficiles qui ont finalement conduit à la croissance et à la compréhension.*

1.Quelle décision aimerais-tu le plus pouvoir refaire, et pourquoi ?

2.Quelle mauvaise habitude t'a pris le plus de temps à surmonter ?

3.Y a-t-il une erreur ou une mauvaise appréciation qui t'a appris une précieuse leçon de vie ?

# Les Plaisirs Simples

*Le vrai bonheur vient souvent de l'appréciation des joies simples de la vie. Quels petits plaisirs t'ont apporté du bonheur ? Pense aux plaisirs simples qui ont enrichi ton quotidien.*

1.Quel plaisir simple apprécies-tu davantage maintenant qu'à l'époque où tu étais plus jeune ?

2.Quel est ton endroit préféré pour profiter de moments de calme ?

3.Comment prenais-tu du recul dans le tourbillon de la vie pour apprécier ces petites joies ?

# Conseils pour l'Avenir

*Partager la sagesse acquise par l'expérience est un cadeau précieux pour les générations futures. Quels conseils voudrais-tu transmettre à ceux qui te succèdent ? Pense aux idées et perspectives que tu as acquises et qui pourraient profiter à tes petits-enfants et à d'autres.*

1.Quels trois conseils veux-tu que tes petits-enfants se rappellent avant tout ?

2.Quelle erreur espères-tu spécifiquement que tes petits-enfants éviteront ?

3.Comment conseillerais-tu tes petits-enfants pour qu'ils trouvent leur propre chemin dans la vie ?

# Héritage Familial

*Chaque personne est un lien entre les générations passées et futures. Comment as-tu préservé les histoires et traditions importantes de la famille ? Pense à l'histoire significative que tu veux que tes proches se rappellent et transmettent.*

1.Comment as-tu documenté ou enregistré les souvenirs et l'histoire importants de la famille ?

2.Quel ancêtre aimerais-tu que tes descendants connaissent, et pourquoi ?

3.Quels objets physiques ou souvenirs aident à raconter l'histoire de notre famille ?

# Redéfinir le Succès

*Les véritables réussites sont souvent différentes des mesures conventionnelles de statut ou de richesse. Comment ta compréhension de ce qui rend une vie épanouie a-t-elle évolué au fil du temps ? Pense à ce qui t'a apporté une satisfaction authentique au-delà du succès matériel.*

1.Comment ta définition du succès a-t-elle changé au cours de ta vie ?

2.Quel accomplissement t'a apporté la satisfaction la plus authentique ?

3.Quelles habitudes ou pratiques quotidiennes t'ont donné le plus grand sentiment de but dans ta vie ?

# Espoirs pour les Générations Futures

*Les rêves que nous portons pour ceux qui suivront nos traces reflètent nos valeurs les plus profondes. Quelles aspirations as-tu pour l'avenir de ta famille ? Pense aux qualités que tu espères voir enrichir la vie de tes petits-enfants et des membres de la famille à venir.*

1.Quel accomplissement précis espères-tu voir dans la génération de tes petits-enfants ?

2.Quelle force ou qualité familiale veux-tu le plus voir perdurer ?

3.Y a-t-il une aventure ou une expérience spécifique que tu espères que les générations futures vivront ?

# D'autres histoires à recueillir

Chaque parent et grand-parent porte un véritable trésor de souvenirs qui n'attendent qu'à être partagés. Nos livres souvenirs magnifiquement conçus aident à capturer ces précieux récits avant qu'ils ne s'effacent avec le temps.

## Notre collection Histoire de Famille

| Histoire de Papa | Histoire de Maman | Histoire de Grand-père | Histoire de Grand-mère |

Disponible sur:

- Amazon

- Les grandes librairies en ligne

Offrez un cadeau qui prend de la valeur avec le temps – parce que chaque membre de la famille mérite de voir son histoire racontée, partagée et chérie.

www.ingramcontent.com/pod-product-compliance
Lightning Source LLC
Chambersburg PA
CBHW051327120626
46547CB00015B/2439